Übrigens …

Wir sehen die Dinge nicht wie sie sind, sondern wie wir sind. (Talmud)

Olaf Ernst

Übrigens …

Du darfst die Dinge auch anders sehen

Bibliografische Information der Deutschen Nationalbibliothek:
Die Deutsche Nationalbibliothek verzeichnet diese Publikation in der Deutschen Nationalbibliografie; detaillierte bibliografische Daten sind im Internet über http://dnb.dnb.de abrufbar.

Herstellung und Verlag:
BoD – Books on Demand, Norderstedt

ISBN: 978-3-7481-1170-2

Inhaltsverzeichnis

Advents- und Weihnachtszeit

Wohin führen uns die Sterne?

Sterne begegnen uns derzeit überall. Sie hängen als Strohsterne an Tannen und Fichten. Selbstgebastelte Sterne schmücken sowohl Fenster als auch Schreibtische. Der Lebkuchen ist sternförmig. Der Weihnachtsstern blüht als Topfpflanze in vielen Wohnzimmern. Sternanis darf in jeder guten Küche nicht fehlen. Und schließlich leuchten uns die Sterne als Lichtquellen der weihnachtlichen Straßenbeleuchtungen. Ganz gleich in welcher Form uns diese Himmelkörper begegnen: Wir dürfen für einen Augenblick den Stress und die Hetze des Alltags vergessen und uns an ihnen erfreuen. Nach einem biblischen Bericht war es ein Stern, der die Weisen aus dem Morgenland auf dem Weg zum Kind nach Bethlehem führte. Vielleicht möchten uns die Sterne heutzutage auch auf Wege aufmerksam machen, die wir noch nicht betreten haben. Es können Wege zu mehr Toleranz, mehr Verständnis und mehr Frieden sein. Es können Wege zur inneren Zufriedenheit und äußeren Freundlichkeit sein. Oder ist es der Weg zu einem schon sehr lang zugesagten Krankenbesuch?

Gutscheine der besonderen Art

Am Adventskalender sind bald die Hälfte aller Türchen geöffnet. Dies ist ein sicheres Zeichen dafür, dass es nicht mehr lange dauern wird, bis wir Weihnachten feiern können. Viele Menschen stellen sich in diesen Tagen die Frage: Was kann ich meinen Lieben, den Freunden oder Bekannten zum Fest schenken? Auch wenn wir diese Menschen schon lange kennen, ist die Antwort auf die Frage nach einem passenden Geschenk nicht immer leicht zu finden. Soll es ein spannendes Buch, ein praktisches Haushaltsgerät oder etwas Dekoratives sein? Oder wären ein fruchtig-frisches Parfüm oder eine klassische Krawatte eine Alternative? Die Suche wird umso schwieriger, wenn der zu Beschenkende scheinbar schon alles besitzt.

Es gibt jedoch etwas, was vielen Personen in dieser oft hektischen Vorweihnachtszeit fehlt: Zeit! Zeit zur Muse oder Entspannung, Zeit zum Reden oder Nachdenken. Besonders oft fehlt die Zeit, um den Eltern, Kindern, Enkeln oder dem Nachbarn einfach mal zuzuhören. Wäre es nicht eine gute Idee, wenn wir zu diesem Weihnachtsfest einige Zeit-Gutscheine verschenken und uns damit Zeit für bestimmte

Menschen nehmen? Oftmals lösen die unscheinbarsten Geschenke die größte Freude aus.

Offene Augen - offenes Herz

Lieber Weihnachtsmann, hoffentlich erreicht dich mein Wunschzettel noch rechtzeitig vor dem Weihnachtsfest. Bestimmt musst du auch in diesem Jahr wieder viele Überstunden machen, damit Du die unzähligen Briefe unverzüglich bearbeiten und die vielen Wünsche rechtzeitig erfüllen kannst. So ist es eben, wenn man im Saisongeschäft tätig ist. Bist Du eigentlich gewerkschaftlich organisiert? Denn mehr als 10 Stunden am Tag solltest Du nun wirklich nicht arbeiten müssen. Von Deinem Sekretariat habe ich vorab die telefonische Auskunft erhalten, dass für meine Wünsche in diesem Jahr leider nicht so viel Geld zur Verfügung stehen würde. Mein persönliches Geschenk-Budget sei stark gekürzt worden. Eigentlich sei gar kein Geld mehr da. Dies sei noch die Folge der allgemeinen Wirtschafts- und Bankenkrise. Weiterhin meinte deine Vorzimmerdame, dass ich deshalb auf meinem Wunschzettel den neusten Fernseher und die Dauerkarte für die TSG 1899 gleich streichen sollte. In diesem Jahr würden nur Geschenke ausgeliefert werden, die nichts kosten. Ich habe lange überlegt, was ich mir statt stattdessen von Dir wünsche. Jetzt weiß ich es: Schenke mir bitte offene Augen für die

Dinge, die ich wirklich brauche. Schenke mir ein offenes Herz für die Menschen, die mich brauchen. Vielleicht liegt in diesen zwei Wünschen der eigentliche Sinn des Weihnachtsfestes verborgen.

Wünsche an den Weihnachtsmann

Du Weihnachtsmann, Sankt Nikolaus,
ich lad' dich ein, komm' in mein Haus.

Ich warte schon so sehr auf dich,
hast du auch ein Geschenk für mich?

Wenn nicht, dann möchte ich es wagen,
Dir meine Wünsche vorzutragen.

Ein Haus am Steinsberg wäre fein,
und jeden Tag nur Sonnenschein.

Im Lotto möchte ich gewinnen,
und wie Bill Gates im Geld nur schwimmen.

Zwölfmal im Jahr, das wäre mein Glück,
will ich vier Wochen Urlaub am Stück.

Du darfst mir zusätzlich noch geben,
Gesundheit und ein langes Leben.

Von mir will ich den Blick nun wenden,
an Menschen hier im Kraichgau denken.

Schenke ihnen nur das Gute,
und zerbreche Deine Rute.

Zum Schluss, Du lieber guter Mann,
füg' ich noch ein paar Bitten an:

Ein schönes Stadion für Sinsheim,
pünktliche S-Bahnen nach Mannheim,

für Epfenbach einen Supermarkt,
viele Stellen auf dem Arbeitsmarkt,

auf der A6 bald keinen Stau mehr,
das alles wünsche ich uns so sehr.

Du Weihnachtsmann, Sankt Nikolaus,
jetzt gehen mir die Wünsche aus.

Erfüll' sie bitte, hier am Ort,
bis Weihnachten - oder sofort!

Eine besondere Begegnung

Hallo und guten Morgen. Wären Sie bitte so freundlich und würden Ihr seltsames Fuhrwerk ein paar Meter entfernt parken? Sie stehen genau vor meinem Stellplatz und ich müsste dringend mit meinem Auto zu einem Termin fahren. Sie meinen, ich sollte mich in der Adventszeit nicht so abhetzen? Ihre Nerven möchte ich haben! Sie versperren mir mit ihrem Schlitten und den vier Rentieren die Ausfahrt und laufen bestimmt seit einer viertel Stunde ganz gemütlich von Haus zu Haus. Sind Sie etwa der neue Austräger der Rhein-Neckar-Zeitung? Aber den habe ich noch nie in einem langen, roten Mantel und mit einem weißen Bart die Tageszeitungen austragen gesehen. Bitte entschuldigen Sie meine Neugierde: Was befindet sich eigentlich in diesem großen Sack, den Sie auf Ihrem Rücken herumschleppen? Ein Geschenk? Für wen denn? Für mich? Ich bin jetzt überrascht, denn ich habe noch nie ein so schön verpacktes Präsent von einem Fremden bekommen. Warten Sie doch bitte, ich will mich bei Ihnen noch bedanken. Warum verschwinden Sie so schnell mit ihrem Schlitten in den Himmel? Es gibt tatsächlich noch Tage, die voller Überraschungen sind. Heute ist so ein Tag!

Uns leuchtet ein Licht

Endlich ist das Weihnachtsfest gekommen. Die Tage davor könnten für viele von uns noch ganz schön stressig gewesen sein. Da mussten Geschenke besorgt und liebevoll verpackt werden. Die Weihnachtsgrüße wollten rechtzeitig zur Post gebracht und das Festtagsessen musste eingekauft werden. Die Wohnung sollte rechtzeitig zum Fest sauber und ordentlich aufgeräumt sein. Und wer wünscht sich nicht, dass der eigene prachtvolle Weihnachtsbaum mit den schönen Lichtern und dem glänzenden Schmuck von allen Besuchern bewundert und bestaunt wird?

Jetzt laden uns die Feiertage ein, dass wir zur Ruhe kommen und uns auf das Wesentliche im Leben besinnen. Was aber ist das Wesentliche in unserem Leben? Ist es der Millionengewinn im Lotto, auf den die meisten von uns in diesem Jahr wieder vergeblich gewartet haben? Ist es der Wunsch, ein Leben ohne Trennungen, Schmerzen oder Trauer zu führen? Oder ist es die eigene Gesundheit, von der wir glauben, sie in irgendeiner Weise positiv beeinflussen zu können? Die biblische Weihnachtsgeschichte mit dem neugeborenen Kind in der Krippe bietet uns bei der Besinnung auf das Wesentliche in unserem Leben eine Alternative an. Diese lautet: Beachte auch das Kleine und Unscheinbare um dich herum und in dir selbst. Gerade das Kleine und Unscheinbare kann uns als Licht im Leben leuchten.

Eins nach dem anderen

Es scheint ein immer wiederkehrendes Phänomen zu sein. Jedes Jahr Anfang Dezember stellt Mann oder Frau überraschenderweise dieselben Tatsachen fest. Erstens: Am vierundzwanzigsten ist Heilig Abend. Zweitens: Es dauert gar nicht mehr so lange, bis die Weihnachtsfeiertage beginnen. Und drittens: Es gibt noch so viele Dinge, die bis dahin erledigt werden müssten. In einem Anflug einer leichten Panik scheint für einige die Lösung darin zu bestehen, dieser Zeitnot dadurch zu entkommen, indem sie mehrere Dinge gleichzeitig erledigen. Möglichkeiten für eine solche Zeitnotminderung gibt es viele. Während der Teig der Plätzchen zubereitet wird, können gleichzeitig im Internet noch einige Geschenke geordert werden. Im selben Augenblick, in dem die Geschenke liebevoll verpackt werden, kann noch mit den Liebsten am Telefon das Weihnachtsmenü besprochen werden. Und während der Christbaum geschmückt wird, wäre es doch einen Versuch wert, ob man zwischendurch im Wohnzimmer noch den Teppich saugen oder die Fenster putzen könnte. Es braucht niemanden zu wundern, wenn bei einem solchen zweigleisigen Programm dann einige Zeitgenossen bis

Weihnachten fix und fertig sind. Es gibt jedoch einen Tipp, wie man die Zeit vor Weihnachten unbeschadet übersteht. Dieser lautet: Mache eins nach dem anderen! Gönne dir die Zeit der Vorbereitungen. Und denke daran: Nächstes Jahr ist erneut Weihnachten!

Zwischen den Jahren

Immer wieder zwischendrin

Wir befinden uns zwischen Weihnachten und dem Jahreswechsel. Derzeit erinnern TV-Sendungen und Zeitungen in Dokumentationen an das, was im zu Ende gehenden Jahr in der Welt passiert ist. Auch wir dürfen zurückschauen und Bilanz ziehen. Mit welchem Ergebnis wird unser persönlicher Jahresrückblick ausfallen?

Vielleicht erkennen wir, dass wir im zu Ende gehenden Jahr immer wieder „zwischendrin" gestanden haben, sei es zwischen Personen, Situationen oder Dingen. Wir waren eingespannt zwischen Arbeit und Urlaub, wegen einer Krankheit schwankten wir zwischen Hoffen und Bangen oder unsere Gefühle schwankten zwischen Freude und Trauer. Wir pendelten sowohl zwischen Streit und Versöhnung als auch zwischen Verletzung und Vergebung. Vielleicht befanden wir uns viel zu oft zwischen Gewichtszunahme und Diät. Oder haben wir es erdulden müssen, im wahrsten Sinne des Wortes zwischen den Stühlen zu sitzen?

Egal wie unser persönlicher Jahresrückblick ausfällt: Wir dürfen und müssen immer nach vorne schauen. Unsere Vorsätze für das neue

Jahr sollten wir uns gut überlegen, dann aber mutig umsetzen. Denn letztlich befinden wir uns heute nicht nur zwischen den Jahren, sondern auch zwischen dem gestrigen Tag und unserer Zukunft.

Leicht verwirrt

Eigentlich könnte es gerade so weitergehen: Weihnachten, Wochenende, Silvester und Neujahr, dann wieder ein Wochenende und schließlich Heilige Drei Könige. Dazwischen ab und zu mal einen Arbeitstag. Kann sich nicht jeder von uns glücklich fühlen, der sich diese Arbeitstage als Brückentage frei nehmen konnte? Schade, dass es im Jahr nicht allzu oft möglich ist, Brückentage zu nehmen. Dieser ständige Wechsel von Feier- und Arbeitstagen kann aber einige von uns durcheinanderbringen. Wissen Sie denn noch, wenn Sie morgens aufwachen, welcher Wochentag gerade ist? Man öffnet die Augen und fragt sich: Muss ich heute wieder arbeiten gehen? Oder ist heute ein Feiertag und ich kann mich noch einmal im kuschelig warmen Bett umdrehen und weiterschlafen? Wenn es Ihnen auch so ergehen sollte, dann müssen Sie sich keine Sorgen machen. Diese leichte morgendliche Verwirrtheit ist keine Krankheit. Sie zeigt wohl eher an, dass die Ruhe über den Jahreswechsel zu wirken beginnt. In diesem Sinne: Ihnen allen einen schönen Tag, egal ob heute Samstag, Montag oder Mittwoch sein sollte.

Jahresanfang

0 Tannenbaum

ODu mein lieber Tannenbaum. Du stehst seit Heilig Abend in meinem Wohnzimmer und bist mir richtig ans Herz gewachsen. Ich hatte für Dich schon Anfang Dezember eine neue stromsparende Lichterkette und unterschiedlich große violette Christbaumkugeln gekauft. Es hat mir richtig Freude bereitet, Dich zu schmücken. Und jeder, der mich bisher besucht hat, war von Deiner prächtigen Erscheinung begeistert.

Seitdem Du in mein Leben getreten bist, stehst Du treu an meiner Seite. Gemeinsam schauen wir Spielfilme an oder hören Konzerte im Radio. Und wenn ich ein Buch lese, ist es mir, als ob Du über meine Schulter blicken und mitlesen würdest.

Ich habe den Eindruck, dass wir uns immer ähnlicher werden. Du beginnst damit, deine Nadeln zu verlieren. Jeden Tag werden es mehr. Und auch ich verliere jeden Tag immer mehr, nämlich die Haare auf meinem Kopf. Ich bedaure Dich aber nicht, denn gefühlt verliere ich weitaus mehr Kopfhaare als Du jemals Tannennadeln verlieren könntest. Das nächste Weihnachtsfest werden wir leider nicht mehr zusammen verbringen können. Ich verspreche Dir, ich werde auch mit einer Glatze deinen Nachfolger am kommenden Weihnachtsfest genauso liebevoll behandeln wie ich Dich behandelt habe.

Die Willensschwäche

Wie sieht es eigentlich mit unseren guten Vorsätzen aus? Haben wir bisher durchgehalten und unsere Pläne zielstrebig verfolgt? Ich hatte mir wegen der „Weihnachtspfunde" vorgenommen, bis Ostern auf Schokolade zu verzichten. Und so fütterte ich am Nachmittag des Silvestertages schweren Herzens - aber ganz genüsslich - meinen letzten Schokoriegel. Natürlich war mir klar, dass dieser Verzicht nicht einfach werden würde. Aber wenn schon der Glaube Berge versetzen kann, dann müsste mein starker Wille doch erst recht diese süßen Gelüste überwinden können! Leider muss ich bekennen: Ich war bereits am Neujahrsmorgen rückfällig geworden, und zwar kurz nachdem die letzten Raketen am Firmament verglüht waren. Denn der Weg vom Feuerwerk führte mich schnurstracks zu einer bunten Schachtel Pralinen. Und als das erste Nougat-Konfekt auf meiner Zunge dahin schmolz, war es mir egal, dass ich gerade willensschwach geworden war. Mein neuer Vorsatz für das restliche Jahr ist deshalb, dass ich mir keine Vorsätze mehr machen werde. Zumindest diesen neuen Entschluss werde ich ganz bestimmt einhalten können!

Beim Neujahrsempfang

Im Januar finden traditionell die Neujahrsempfänge der politischen Gemeinden statt. Auch im Kraichgau ist dies der Fall. Geehrt werden Menschen, die sich im besonderen Maß ehrenamtlich oder gemeinnützig engagieren. Sowohl sportliche Einzel- und Mannschaftsleistungen als auch erfolgreiche Kleintierzüchter werden lobend erwähnt. Kleine Wein- und Buchpräsente runden den Dank und die öffentliche Anerkennung ab.

Aber ist es selbstverständlich, dass immer nur Menschen geehrt werden? In einer TV-Show wurde bereits einmal ein Hund zum Wettkönig gekürt. Dieses Fernsehereignis könnte den Ablauf der künftigen Neujahrsempfänge beeinflussen. Vielleicht bekommt künftig nicht nur der Züchter, sondern auch das prämierte Kaninchen ein Geschenk. Ein Eimer Mohrrüben wäre sicher angebracht. Der Bürgermeister könnte den Ball der erfolgreichen Fußballmannschaft mit einer Luftpumpe oder die Turnschuhe der aufstrebenden Handballmannschaft mit neuen Schnürsenkeln auszeichnen. Auf dem Pressefoto würde dann der Schultheiß zusammen mit dem Kaninchen, dem Fußball und den Turnschuhen abgebildet sein. Und das alles möglicherweise nur, weil ein Vierbeiner im Fernsehen zum Wettkönig gewählt wurde.

Fastenzeit

Sieben Wochen ohne Alltags-Masken

Am Aschermittwoch ist bekanntlich alles vorbei. Das närrische Treiben in der Glotze und vor Ort ist zu Ende. Die Faschingskleider und Karnevalskostüme werden ausgelüftet oder gereinigt und anschließend mottensicher verstaut. Die in der Fünften Jahreszeit getragenen Masken können abgelegt werden.

Ist es aber im Alltag auch so einfach, die Masken abzulegen, mit denen Unsicherheiten, Ängste oder Gefühle verdeckt werden? Während die Horror- oder Comic-Masken schnell abgelegt sind, lassen sich die Alltags-Masken manchmal zur sehr schwer lösen. Zeitgleich mit der Fastenzeit beginnt auch in diesem Jahr wieder die Aktion „7-Wochen-ohne" der evangelischen Kirchen. Sie lädt ein, durch Verzicht neue Perspektiven für das Leben zu gewinnen und Platz für Veränderungen im Leben zu schaffen. Viele Menschen erleben es als einen persönlichen Gewinn, wenn sie bis Ostern einer lieb gewordenen Gewohnheit entsagen. Beispielsweise kann freiwillig auf den Genuss von Alkohol, Kaffee, Süßigkeiten oder Fleisch verzichtet werden. Vielleicht wäre es in diesen sieben Wochen einen Versuch wert, nahestehenden Menschen ohne Alltags-Masken zu begegnen. Dies würde einem selbst und dem Gegenüber bestimmt sehr guttun.

Jedes Kreuz hat was zu sagen

Am Ende der Passionszeit und vor dem Osterfest steht der Karfreitag. Im Mittelpunkt dieses Tages steht unter anderem das Kreuz, das bei den christlichen Kirchen zum Zeichen und Symbol des Glaubens geworden ist. Am Karfreitag blicken viele Gläubige auf das Kreuz. Von ihm erwarten sie Antworten auf zentrale Fragen des menschlichen Lebens.

Aber können vom Kreuz überhaupt Antworten oder irgendwelche Impulse ausgehen? Wer schon einmal Schmerzen an der Wirbelsäule hatte, wird diese Frage vielleicht bejahen können. Sagen die Schmerzen vom „Kreuz" nicht auch, dass man sich die Tage zuvor körperlich übernommen oder seelisch zu stark belastet hat? Oder flüstern einem die Kreuze an den Bundes- und Landstraßen im Kraichgau nicht auch zu, an diesen Streckenabschnitten langsam, besonnen und rücksichtsvoll zu fahren? Zeigt nicht jedes Autobahnkreuz an, dass es im Leben viele vorgegebene Wege gibt, die Richtung jedoch immer selbst bestimmt werden kann?

Jedes Kreuz sendet eine Nachricht aus. Auf die Impulse zu achten, die von den Kreuzen dieser

Welt ausgehen, kann sowohl für Christen als auch für Nichtchristen sehr hilfreich sein. Und das gilt nicht nur am Karfreitag, sondern ebenso an allen anderen Tagen des Jahres.

Frühling/Sommer

Sonne, wo bist du?

Eigentlich hätten wir es alle verdient, dass uns der Frühling mit milden Temperaturen und wärmenden Sonnenstrahlen begrüßt. Denken wir nicht schon längst daran, nach diesem langen Winter endlich mehr Zeit im Freien zu verbringen und die Sonne genießen zu können? Aber stattdessen bläst uns immer noch der kalte Wind um die Ohren und graue Wolken ziehen über den Kraichgau. Nein, so haben wir uns den Start in den Frühling ganz bestimmt nicht vorgestellt. Aber was können wir tun, wenn uns vielleicht die Zeit oder das Geld für einen Kurzurlaub im sonnigen Süden fehlen? Dann kann es hilfreich sein, wenn wir uns an ein Kraftwerk erinnern, das jeder in sich trägt und das einen selbst und unsere Mitmenschen erwärmen kann. Dieses Kraftwerk ist umweltfreundlich. Es ist die Sonne in unserem Herzen.

Mit Humor geht alles besser

Wer regelmäßig morgens das Haus verlässt und abends Heim kommt, kann beobachten, dass die Tage wieder länger werden. Die Sonne geht früher auf und später unter. Die Wege zu und von der Bäckerei, Schule oder Arbeit müssen nicht mehr im Stockdunkeln zurückgelegt werden. Viele Menschen freuen sich darüber, dass die Tage länger werden. Leider gibt es auch Dinge und Sachverhalte, die sich im negativen Sinne verlängern können. Beispielsweise gehören die Wartezeiten bei Behörden und Ärzten zu diesen negativen Ausdehnungen. Und können Autofahrer nicht den Eindruck bekommen, dass die Staus auf der A 6 zwischen Walldorf und Bad Rappenau immer endloser werden? Vielleicht ändert sich alles mit der Sommersonnenwende am 21. Juli. Dann verkürzen sich nicht nur die Tage, sondern hoffentlich auch die Wartezeiten und die Länge der Staus. Zumindest in diesen närrischen Tagen dürfen solche utopischen Gedanken geäußert werden. Überhaupt leben die Jecken auf dieser Welt viel sorgloser als die ernsthaften Menschen. Denn wer Humor hat, kann die Wartezeiten bei den Behörden, Ärzten und in den Staus sowieso am besten ertragen.

Postkartengrüße aus dem Urlaub

So langsam stapeln sich die Postkarten auf meinem Schreibtisch. Familienmitglieder, Freunde und Bekannte verbringen gerade die schönsten Tage des Jahres irgendwo in Deutschland oder im Ausland und grüßen mich mit einer Postkarte ganz herzlich. Bereitet es Ihnen auch so viel Freude, wenn man den Briefkasten öffnet und darin eine Karte mit einem hübschen Motiv von den Lieben aus der Ferne entdeckt? Da gibt es Karten mit wundervollen Motiven: weiße Strände mit kristallklarem Wasser, grandios anmutende Berge oder saftige grüne Landschaften. Interessant ist, ob sich auf der Postkarte neben den Urlaubsgrüßen noch zusätzliche Zeilen befinden. Über Anreise, Verpflegung und Unterkunft und vor allem zum Wetter wird meistens etwas mitgeteilt. Ob die Urlauber bei dem guten Essen und der Faulenzerei schon zugenommen haben, wird allerdings gerne verschwiegen. Die Angaben zur Gewichtszunahme fehlen bestimmt wegen des Datenschutzes, denn eine Postkarte kann schließlich von jedem gelesen werden! Hoffentlich bringen die Kartenschreiber nicht nur zusätzliche Pfunde auf den Hüften, sondern uns

Daheimgebliebenen auch ein Souvenir mit. Verdient hätten wir es, oder etwa nicht?

Herbst/Winter

Es liegt vor unseren Füßen

In dieser Jahreszeit kann ein Spaziergang im Kraichgau etwas Wunderbares sein. Von Tag zu Tag werden die Blätter der Bäume farbiger. Der immer frischer werdende Wind erinnert uns nicht nur an den beginnenden Herbst. Er pustet auch die bunten Blätter von den Bäumen. Einiges Laub fällt dann bei unserer Wanderung ganz sanft vor unsere Füße. Einige der farbenreichen Blätter nehmen wir wahr, andere bleiben unbemerkt liegen oder werden von uns zertreten.

In unserem Leben können wir manchmal den gleichen Vorgang erfahren. Wir gehen durch die Zeiten und plötzlich werden Menschen und Situationen vor unsere Füße geweht. Meistens geschieht das dann, wenn wir eigentlich gar keine Zeit haben. Da hören wir von dem einsamen Nachbarn, der auf einen Besuch wartet. Da ist die plötzlich kranke Freundin, die hier und jetzt meine Unterstützung benötigt. Es kann auch der Hinweis unseres Arztes sein, dass wir in unserer Lebensgestaltung dringend etwas ändern sollten. Wie mit den bunten Blättern bei einem Spaziergang, so können wir diese Menschen und Situationen wahrnehmen oder achtlos an ihnen vorübergehen. Wie dem auch sei: Viele Menschen und Situationen liegen täglich vor unseren Füßen. Es liegt an uns, offene Augen und Herzen zu haben.

Schatten im Nebel

An manchen Tagen im November liegt morgens der Nebel wie ein grauer Schleier über dem Kraichgau. Und plötzlich erscheinen sie, die schemenhaften Schatten von Gegenständen, die wir nicht sofort erkennen. Sie treten scheinbar aus der Nebelwand heraus und verursachen für wenige Augenblicke ein mulmiges Gefühl. Sehen diese Schatten nicht aus wie ein Ungeheuer, wie ein Troll oder wie ein Gespenst? Aber es ist unsere Phantasie, die uns dies glauben lässt. Kommen wir nämlich den Schatten näher, erkennen wir, dass es sich um ganz harmlose Bäume, Sträucher oder sogar Verkehrszeichen handelt. Ich denke, mit den Schatten im Nebel verhält es sich wie mit vielen Situationen in unserem Leben: Was aus der Ferne zunächst unheimlich und bedrohlich wirkt, entpuppt sich bei näherem Hinsehen oft als harmlos.

Sinsheim und Umgebung/ Kraichgau

Hier ist das Lächeln zu Hause?!

Es passiert auf unserem täglichen Weg zur Arbeit. Es ereignet sich, wenn wir mit dem Stadtbus in die City fahren oder am Samstagmorgen im Supermarkt einkaufen. Und wenn wir uns wöchentlich im Freien sportlich betätigen, geschieht es auch. Sobald wir uns regelmäßig zur gleichen Zeit am selben Ort aufhalten, begegnen uns dieselben Menschen. Sie sitzen neben uns im Bus, warten mit uns am Bahnsteig, schieben wie wir die Einkaufswagen durch die Geschäfte oder kommen uns beim Nordic-Walking im Wald entgegen. Ihre Gesichter sind uns bekannt, aber sonst wissen wir nicht viel über sie.

Wäre es nicht gut, wenn wir diesen Gesichtern ab sofort ein Lächeln schenken würden? Das würde die noch Unbekannten erfreuen und uns selbst würde es auch guttun. Vielleicht würde unser Lächeln zu einem späteren Zeitpunkt die Grundlage für ein kurzes Gespräch bilden. Ein Lächeln bewirkt mehr als wir denken: Es kann Grenzen überwinden und stellt Kontakte her. Sollten wir deshalb nicht öfters unsere Gesichtsmuskeln benutzen? In einem

Werbeslogan heißt es vom badischen Wein, dass er von der Sonne verwöhnt sei. Wünschen wir uns, dass unsere Region bald mit folgendem Spruch werben kann: „Sinsheim und Umland - hier ist das Lächeln zu Hause!".

Der Traum von der ewigen Jugend

Der Traum von der ewigen Jugend ist eine schöne Illusion. Denn viele Anlässe in unserem Leben erinnern uns daran, dass wir älter werden. Plötzlich entdecken wir vor dem Spiegel ein graues Haar auf unserem Kopf oder wir kriechen zum wiederholten Mal wegen eines schmerzhaften Hexenschusses auf dem Boden. Die Brille befindet sich seltener an dem Ort, wo wir jeweils glaubten, sie hingelegt zu haben. Ein kurzes Mittagsschläfchen genießen wir immer öfters.

Aber spätestens, wenn uns Heranwachsende mit "Uhu" ansprechen - eine Abkürzung für "unter Hundert" - zerplatzt auch bei uns der Traum von der ewigen Jugend wie eine Seifenblase. Nach einer alten Sage soll es jedoch ein wirksames Mittel gegen das Altern geben. Das Wasser des Jungbrunnens soll alternde Menschen verjüngen können. Diese Quelle müssten wir finden! Ob einer der Brunnen im Kraichgau ein bisher unentdeckter Jungbrunnen ist und das erhoffte Lebenselixier spendet? Bevor wir aber einen Selbstversuch mit dem Brunnenwasser starten, sollten wir uns an den Hinweis in der

Arzneimittelwerbung erinnern. Deshalb: Zu Risiken und Nebenwirkungen des Brunnenwassers fragen Sie Ihr Gesundheitsamt oder Ihre Stadt- und Gemeindeverwaltung.

Barrierefreie Lebenswege

Jeder Mensch sollte seinen persönlichen und einmaligen Lebensweg suchen und ihn dann mutig begehen. Auf diesem Weg können einige unerwartete Barrieren auftauchen. Sowohl Krankheiten, Unfälle und Schicksalsschläge als auch ganz alltägliche Hindernisse können ein unbeschwertes Vorankommen unmöglich machen.

Zu den alltäglichen Hindernissen kann beispielsweise gehören, dass ein Fußgänger durch auf dem Gehweg parkende Autos beim Spaziergang behindert wird. Auch ein Rollstuhlfahrer und Eltern mit einem Kinderwagen müssen manchmal auf die Fahrbahn ausweichen, weil ein PKW das Trottoir versperrt. Die Gemeindeverwaltung Epfenbach hat aktuell die Bitte an die Autofahrer gerichtet, mit ihren Autos die Wege der Menschen nicht zu blockieren. Kontrollen wurden angekündigt. Hoffentlich wird dieser Hinweis beachtet. Denn spätestens, wenn die ersten Knöllchen an den Windschutzscheiben hängen, wird sich mancher Parksünder leider schmerzhaft daran erinnern müssen. Rücksichtnahme ist schon immer besser und billiger als ein Bußgeld gewesen.

Jeder Mensch wünscht sich barrierefreie Wege für sein Leben. Diesen Wunsch haben die Nutzer der Bürgersteige auch. Und es gibt diesen Wunsch nicht nur in Epfenbach, sondern in allen Städten und Dörfern im Kraichgau.

Reif für die Insel?

Die Osterferien sind in Sichtweite und viele Menschen fühlen sich bereits im wahrsten Sinne des Wortes reif für die Insel. Ob Borkum, Mallorca oder Teneriffa, ein Urlaub auf einer Insel kann ideale Bedingungen bieten, um sich vom Stress und der Hektik des Alltags zu erholen. Mit dem eigenen Auto und einer Fähre sind die Nord- und Ostseeinseln gut zu erreichen. Oder der Flieger bringt die Erholungssuchenden in wenigen Stunden auf ihre Trauminsel. Bei den hohen Spritpreisen und der aktuellen Debatte um den Klimaschutz stellt sich die Frage, ob es hierzu nicht auch günstigere und umweltfreundlichere Alternativen gibt.

Im Kraichgau sprießen seit Monaten die Inseln wie Pilze aus dem Boden. Diese Inseln sind allerdings nicht von Wasser, sondern von einem Fahrstreifen umgeben und stehen im Mittelpunkt eines Kreisverkehrs. Vielleicht könnte der lahmende Tourismus im Kraichgau angekurbelt werden, wenn diese Verkehrsinseln für Feriengäste erschlossen würden. Ein Liegestuhl oder zwei Bäume mit einer Hängematte und dazu einen Sonnenschirm wären bestimmt ausreichend. Kann es denn für Stressgeplagte etwas Schöneres geben, als auf einer Insel zu faulenzen, und um sich herum die herrliche Hügellandschaft des Kraichgaus zu erblicken?

Schlangen in Sinsheim

Es gibt Menschen, die sich vor bestimmten Tieren fürchten oder ekeln. Dabei kann es sich um ganz unterschiedliche Tiere handeln. Ob haarige Spinne, graue Maus oder krabbelnde Kellerassel, schon allein der Anblick einer solchen Kreatur kann ausreichend sein, um eine Gänsehaut oder Unbehagen auszulösen. Auch die Gegenwart einer Schlange kann solche Reaktionen hervorrufen. Unter der Woche windet sich durch die Sinsheimer Innenstadt öfters eine Schlange. Bisher ist allerdings nicht bekannt, dass sich die Sinsheimer Bevölkerung besonders vor ihr fürchten oder ekeln würde. Die Schlange kann hauptsächlich morgens oder abends beobachtet werden. Sie ist meist stadteinwärts, seltener stadtauswärts unterwegs. Sie ist bunt und mehrere Meter lang. Dieses Reptil zischt und züngelt zwar nicht, aber es hinterlässt lästigen Lärm und schädliche Abgase. Die Auto-Schlange, die sich immer wieder durch Sinsheim bewegt, kann wirklich sehr unangenehm sein. Und manchmal hat man auch das Pech, selbst ein Teil dieser Schlange zu sein. Aber lieber mit dem Auto in der Schlange, als mit einer Schlange im Auto. Oder etwa nicht?

Im Kraichgau gibt es viele Rastplätze

Die Sonn- und Feiertage sowie die Urlaubs- und Ferientage sind wichtige Zeiten in unserem Leben. Sie geben uns die Gelegenheit, den hektischen Fluss des Alltags zu bremsen oder sogar anzuhalten. Ob Schüler, Hausfrau, Arbeitnehmer oder Rentner: Sehnen wir uns nicht alle nach Oasen im Alltagsleben, wo wir einen entspannten und unbeschwerten Tag erleben und genießen können?

Der Kraichgau hält unzählige solcher Plätze für uns bereit. Und bestimmt kann hier jeder seine individuellen Wohlfühlstellen finden. Beispielsweise laden uns die Rad- und Wanderwege dazu ein, dass wir uns im Freien bewegen und dabei die Alltagssorgen hinter uns liegen lassen. Entspannung können wir auch in jedem Schwimmbad finden; das warme Wasser möchte uns tragen. Dann gibt es noch die Cafés und Restaurants, die uns zum Verweilen einladen. Und es gibt die Orts- und Stadtfeste, wo wir Freunde, Bekannte und Verwandte treffen können und heitere Stunden verbringen dürfen. Um für einen Tag dem hektischen Fluss des Alltags zu entkommen, müssen wir nicht in die

Ferne schweifen. Der Kraichgau hält viele wunderschöne Rastplätze für uns bereit. Möchte man bei diesem vielfältigen Angebot woanders wohnen?

Muss das sein?

Die Orte und Plätze, an denen sich Menschen regelmäßig aufhalten, sollten schön und gemütlich gestaltet sein. Hierzu gehören auch die Bushaltestellen und Bahnhöfe im Kraichgau. Wer als Pendler nachrechnet, wie viel Zeit er im Verlauf eines Jahres mit Warten an diesen Haltestellen verbringt, wird bestimmt über die Anzahl der Stunden überrascht sein. Mit öffentlichen Verkehrsmitteln zur Arbeit oder zur Schule zu fahren, kann bedeuten, nicht nur viel Zeit in den Bussen und Bahnen selbst, sondern auch an den Haltestationen verbringen zu müssen. Saubere und ansprechend gestaltete Haltestellen können dazu beitragen, dass diese Wartezeiten dennoch als angenehm empfunden werden. Dies ist ein wichtiger Grund, warum in den letzten Jahren immer mehr Bushaltestellen und Bahnhöfe neugestaltet wurden. Leider gibt es immer wieder vereinzelt Zeitgenossen, die in der Dunkelheit der Nacht die Haltestellen verunstalten. Dann liegen morgens Flaschen, Scherben und anderer Unrat in den Wartehäuschen herum oder die Fahrpläne sind abgerissen oder übermalt. Kinder können sich an den Glasscherben verletzten. Unnötige Kosten entstehen, um die Schäden zu beseitigen. Muss das sein? Die Antwort auf diese Frage ist ein klares Nein! Es bleibt die Hoffnung, dass alle Haltestellen im Kraichgau Orte sind und bleiben, an denen Menschen in einem schönen Umfeld gerne und sicher warten können.

Wovon träumt man im Kraichgau?

Dass die Sorgen und Ärgernisse des Alltags einem den Schlaf rauben können, hat bestimmt jeder schon einmal erlebt. Ein wahrer Segen muss deshalb auf den Zeitgenossen liegen, die trotz der täglichen Belastungen nachts tief und fest schlafen und sich dabei erholen. Angenehme Träume gehören zu einem erquickenden Schlaf dazu. Während der eine von tanzenden Elfen im Mondschein träumt, fliegt der andere im Traum wie ein Adler über saftig grüne Wiesen und grandios anmutende Berge. Nachts zu träumen kann wirklich sehr guttun. Und welche Träume haben die Menschen im Kraichgau? Ein Fan der TSG 1899 Hoffenheim sieht bestimmt in seinem Traum, wie sein Verein gegen den FC Bayern haushoch gewinnt. Ein Epfenbacher Bürger träumt davon, endlich einen schnellen Internetanschluss zu bekommen. Und so mancher Stadt- oder Gemeindekämmerer wird davon träumen, dass sich ein Defizit im Haushaltsplan in einen Überschuss verwandelt. Ob sich diese Träume je erfüllen werden? Ganz bestimmt, wenn man einem Spruch des amerikanischen Raketenforschers Robert Goddard Glauben schenkt. Er sagte: Der Traum von gestern ist die Hoffnung von Heute und die Realität von Morgen. Deshalb: Gute Nacht und wundervolle Träume!

Darf es eine Scheibe mehr sein?

Wer aus dem Urlaub zurückkommt, bringt erfahrungsgemäß viele neue Eindrücke mit. Und manchmal sind es die unscheinbaren Eindrücke, die einem am längsten in Erinnerung haften bleiben. So geht es mir seit meinem letzten Urlaub an der Nordsee. Dort begegnete mir eine Angebotsform, die ich mir auch im Kraichgau wünschen würde. Dass man beim Metzger oder an der Käsetheke im Supermarkt seinen individuellen Wurst- oder Käseaufschnitt zusammenstellen kann, ist nichts Außergewöhnliches. Beeindruckt hat mich aber, dass es in vielen norddeutschen Bäckereien möglich ist, einen Brot-Aufschnitt zu bestellen. Dafür stehen sechs bis acht Brotsorten zur Verfügung. Die Brotscheiben werden frisch vom gewünschten Laib Brot abgeschnitten. Es war kein Problem, beispielsweise einen Brot-Aufschnitt aus je zwei Scheiben Weizen-, Roggenmisch-, Vollkorn- und Sonnenblumenkernbrot zu bekommen. Wäre das Angebot eines Brot-Aufschnitts nicht auch eine gute Idee für diverse Bäckereien bei uns? Denn sowohl für Singles und Senioren, als auch für Familien wäre dies eine ideale Möglichkeit, den täglichen Brotkorb durch viele verschiedene Brotsorten abwechslungsreich zu gestalten. Darf es eine Scheibe mehr sein? In diesem Fall sehr gerne.

Öffentliche Verkehrsmittel

Verfolgt vom zweisilbigen Wort

Als regelmäßige Bahnfahrer dürfen wir immer gespannt sein, welchen Eindruck eine Zugfahrt bei uns hinterlässt. Leider gewinnt man viel zu oft den Eindruck, dass irgendetwas nicht stimmt. Immer öfters begegnet uns ein zweisilbiges, lateinisches Wort. Es steht auf den Zetteln, die an den Fahrkartenautomaten oder im Zug an den Toilettentüren haften Das lästige Wort lautet "Defekt". Ärgerlich ist, dass diese Hinweise oft tagelang dort hängen und scheinbar nichts geschieht. Doch nicht nur auf den Zetteln verfolgt uns Pendler das Wörtchen „Defekt". Auch aus den Lautsprechern auf den Bahnsteigen oder in den Zügen schallt es viel zu oft „Lok defekt" oder „Weiche defekt". Was im Klartext heißt: Der Zug verspätet sich oder fällt aus. Trotz dieser negativen Eindrücke dürfen wir darauf hoffen, dass es bald nicht mehr „Bahn defekt', sondern „S-Bahn perfekt" heißt. Denn auch bei uns Zugfahrern stirbt die Hoffnung bekanntlich zuletzt.

Die neue Zeitrechnung der DB

Bei der Deutschen Bahn muss anscheinend eine neue Zeitrechnung begonnen haben. Eine Fahrt von Heidelberg nach Sinsheim hat dies an den Tag gebracht. Der Regionalexpress fuhr verspätet in Heidelberg ab, hielt zweimal mitten im Königstuhltunnel an und tuckerte anschließend gemächlich mit über 20 Minuten Verspätung in den Bahnhof von Neckargemünd ein. Dann kam die Durchsage des Zugführers: „Meine Damen und Herren, bitte beachten sie: Wir fahren jetzt in der Fahrtzeit des nachfolgenden Zuges!" Bezogen auf die Fahrtzeit des nachfolgenden Zuges gab es fast keine Verspätung und alle Zugfahrer kamen scheinbar pünktlich an ihren Zielbahnhöfen an. Wenn die Deutsche Bahn mit ihrer Zeitrechnung so weitermacht, kommen wir eines Tages in Sinsheim an, noch bevor wir in Heidelberg losgefahren sind! Und schneller wird es dann wirklich nicht mehr gehen!

Der Alltag und sonstige Wahrheiten

Dank an die vielen Unbekannten

Ob Frühling oder Sommer, ob Herbst oder Winter, jede Jahreszeit nehmen die Vereine und Kirchen zum Anlass, ein Fest zu veranstalten. Der Herd daheim darf schließlich auch einmal einen Tag Urlaub haben. Aber bei den vielen Festen, die in unseren Städten und Dörfern veranstaltet werden, drängt sich eine Frage auf: Hat unser Herd nicht schon mehr Urlaub als wir selbst? Natürlich, die Vereine und Kirchen sind auf die Einnahmen angewiesen. Es tut uns gut, bei einem Fest etwas Leckeres zu essen und etwas Spritziges zu trinken. Die heitere Musik lässt uns den Alltag vergessen. Aber wenn wir genau hinhören, dann hören wir neben der Musik auch das Stöhnen derer, die Jahr für Jahr mit einem großen zeitlichen Einsatz ehrenamtlich die Feste organisieren. Bei diesen vielen unbekannten Helferinnen und Helfern sollten wir uns viel öfters bedanken. Und ihnen einen lieben Urlaubsgruß von unserem Herd ausrichten. Was hiermit getan wird.

Einen guten Start

Verschlafen, weil der Wecker heute Morgen nicht klingelte? Der Handwerker hat seinen zugesagten Termin nicht eingehalten? Der Chef hatte gestern schlechte Laune? Dieses Jahr schon wieder vergessen, rechtzeitig die Winterreifen zu montieren? Wir alle kennen diese unzähligen Situationen, die uns aufregen und ärgern. Vielleicht wünschen wir uns, dass in diesen Augenblicken die Kurse der Aktien in unserem Depot genauso schnell steigen würden wie unser Blutdruck. Aber tun uns Ärger und Aufregung gut? Bestimmt nicht! Bevor das nächste Mal unser Blutdruck in astronomische Höhen steigen will, sollten wir eins bedenken: Wir können uns über vieles aufregen und ärgern - verpflichtet dazu sind wir aber nicht! In diesem Sinne wünsche ich allen Lesern einen guten Start in einen unbeschwerten Tag.

Einmal im Leben wie „007" sein

James Bond, der Geheimagent mit der Nummer 007, ist zurück! Dieser Gentleman verkörpert scheinbar alle Eigenschaften, von denen wir männlichen Kinobesucher nur träumen können. Er ist mutig, durchtrainiert und gewieft. Er trägt immer die funkelnagelneue Mode und flirtet mit den schönsten Frauen. Fünf Minuten nach einer Reanimation wegen eines Herzstillstandes sitzt er wieder am Spieltisch im Casino und gewinnt Millionen. Er fährt die sportlichsten Autos und ist ein routinierter Fahrer. Auf der ganzen Welt ist er zu Hause. Es wäre doch toll, so möchte Man(n) nach dem Film seufzen, einmal im Leben wie dieser „007" zu sein! Leider fährt James Bond mit seinen Sportwagen grundsätzlich viel zu schnell und überschreitet am laufenden Band die Höchstgeschwindigkeiten. Diese negative Rolle des britischen Spions sollten wir Männer natürlich nicht einnehmen, sondern einfach im Kino zurücklassen. Unsere Mitmenschen und die Polizei werden es uns danken!

Mut zur Wahrheit

Als er vor mir stand, da musste ich ihm endlich ins Gewissen reden. Jemand anderes würde ihm sonst die Wahrheit nicht sagen. Doch ich sagte sie ihm mitten ins Gesicht: „Du hast doch bestimmt in den letzten Wochen drei Kilo zugenommen! Oder sind es schon mehr? Mich wundert das gar nicht. Seit Anfang November naschst Du Lebkuchen und Zimtsterne. Abends sitzt Du vor dem Fernseher und futterst Chips und Flips. Ins Fitness-Studio gehst Du auch nicht mehr regelmäßig. Und Deine Spaziergänge haben sich reduziert auf die Strecke von der Wohnungstür zum Auto und zurück. Siehst und spürst Du es nicht, wie sehr der Bund an deiner Hose spannt?" Als ich mit meiner Standpauke fertig war, schaute mich mein Gegenüber nur noch bemitleidenswert und sprachlos an. Sie möchten wissen, mit wem ich so hart ins Gericht gegangen bin? Nun, um ehrlich zu sein, ich stand an diesem Tag in der Herrenabteilung eines großen Bekleidungshauses vor dem Spiegel.

Jeden Tag geschieht ein Wunder

Der Alltag hat seine eigenen Gesetze. Das Leben ist zeitlich und inhaltlich strukturiert und vieles wiederholt sich im regelmäßigen Takt. Oft durchbrechen nur das Wochenende und der Urlaub diesen Rhythmus. Alltag kann bedeuten, dass wir abends hundemüde ins Bett fallen und morgens früh aufstehen müssen. Alltag kann heißen, dass uns im Betrieb, im Dienst oder im Haushalt viele Tätigkeiten aufgehalst werden. Zum Alltag kann es gehören, dass wir uns um einen Mitmenschen verpflichtet wissen oder uns um eine Sache kümmern sollen und deshalb unsere eigenen Bedürfnisse zurückstehen müssen. Und warten im alltäglichen Trott nicht unzählige Dinge darauf, von uns sofort erledigt zu werden? Am Ende einer Alltags-Woche können wir nur noch staunend zurückblicken und uns fragen, wie wir das ganze Pensum wieder geschafft haben. Aber vielleicht nehmen wir auch wahr, dass sich dennoch etwas Außergewöhnliches in der Monotonie der Zeiten finden lässt. Denn jeder Tag hält auch ein Wunder für uns bereit - nämlich das Wunder der Alltagsbewältigung.

Das große und das kleine Glück

Langes Warten kann nicht nur ungeduldig machen, sondern auch enttäuschend sein. Beispielsweise dann, wenn sich das ersehnte große Glück auf einen Lottogewinn nicht einstellt. Regelmäßig werden Lottoscheine abgegeben, Glückslose freigerubbelt oder Wunsch-Losnummern für die Lotterien im Fernsehen erworben. Doch viele Losbesitzer müssen entmutigt feststellen, dass der geknackte Jackpot, das Traumhaus oder die Luxusreise ewig auf sich warten lassen. Das große Glück eines grandiosen Gewinns erfüllt sich nur für die Wenigsten. Wie gut ist es, dass es auch das kleine Glück gibt: Der Anruf einer Freundin oder eines Freundes, ein freier und nicht gebührenpflichtiger Parkplatz in der Sinsheimer City, der herrliche Anblick auf die Kraichgauer Hügellandschaft oder die in frühen Morgenstunden pünktlich zum Frühstück zugestellte Tageszeitung. Diese Augenblicke des kleinen Glücks können doch die angenehmsten Momente sein. Und sie stellen sich viel öfters ein als der Millionengewinn im Lotto.

Wasser mit einem Spritzer Spiritus

Es ist im Leben hilfreich, in vielen Bereichen den richtigen Durchblick zu haben. Aber ist dies in der Praxis oft der Fall? Es wird von Jahr zu Jahr schwieriger, die Steuererklärung ohne die Mithilfe eines Fachmanns abzugeben. Das Verhältnis der Gehälter bestimmter Spitzenmanager oder Berufssportler zu ihren Leistungen können immer weniger Menschen nachvollziehen. Und ist das Hin und Her bei der Gesundheitsreform nicht eher dazu geeignet, dass die Bürger den Durchblick verlieren? Wer heutzutage den Durchblick behalten will, sollte sich mit aktuellen Themen und gesellschaftlichen Entwicklungen beschäftigen. Hierbei kann die Tageszeitung als regelmäßige Lektüre ein wertvoller Informant sein.

Es gibt aber auch eine andere Möglichkeit, sehr schnell den richtigen Durchblick zu bekommen. Man muss nur die Fenster der Wohnung oder die Scheiben am Auto putzen. Sobald die Streifen und Schlieren auf dem Glas entfernt sind, ist das bisher Schemenhafte nun deutlich zu erblicken. Warmes Wasser mit einem Spritzer Spiritus ist somit ein effektives und kostengünstiges

Hausmittel, um kurzfristig den richtigen Durchblick zu bekommen. Vielleicht gehört ein Fensterputzkurs bald zu den Voraussetzungen, um in Berlin Politiker werden zu dürfen. Ein Fehler wäre dies bestimmt nicht!

Oscar-Verleihung nur in Hollywood?

Vor wenigen Tagen waren die Kameras der Welt auf Hollywood gerichtet. Einige Stars und Sternchen der internationalen Filmszene haben dort für besondere Leistungen eine Auszeichnung erhalten. Mit der Oscar-Statue, die einen Ritter mit einem Schwert auf einer Filmrolle darstellt, wurde in diesem Jahr sogar ein deutscher Autor und Regisseur ausgezeichnet. Allen Preisträgern darf man gratulieren. Aber gibt es nicht auch im Kraichgau viele Frauen und Männer, die wegen besonderer Leistungen eine Anerkennung verdienen würden? Es sind Menschen, die nicht im Rampenlicht stehen und wahrscheinlich niemals auf der Titelseite einer Illustrierten abgebildet werden. Dennoch tun sie eine wertvolle und wichtige Arbeit. Da gibt es den Angestellten bei dem Abfallentsorgungsunternehmen, der bei jedem Wetter die Mülltonnen leert. Der alleinerziehende Elternteil, der die Verantwortung für die Kindererziehung mit niemandem teilen kann. Denken darf man auch an diejenigen, die sich schon jahrelang ehrenamtlich in den Kommunen, Vereinen und Kirchen engagieren. Menschen, die für besondere Leistungen eine Auszeichnung verdienen, gibt es nicht nur in der Traumfabrik Hollywood, sondern auch in der eigenen Nachbarschaft. Dies sollte bei all dem Glitzer und Glamour, der um die Oscar-Verleihung gemacht wird, nicht vergessen werden.

Kaffee, Gebäck und Hundekuchen

Begegnungen können nicht nur interessant, sondern auch sehr amüsant sein. Zu Letzterem gehört für mich eine Begebenheit, die erstmals nach meinem Umzug auf dem Parkplatz vor meiner neuen Wohnung stattgefunden hat und sich seitdem in unregelmäßigen Abständen wiederholt. Kaum habe ich mein Auto geparkt, kommt der Hund meiner Nachbarn angelaufen und setzt sich wartend neben die Fahrertür. Nachdem ich diese geöffnet habe, schnuppert er mich kurz ab und schaut mich mit seinen großen Augen treuherzig an. Dann möchte er hinter den Ohren, am Nacken und unter dem Kinn sanft massiert und ausgiebig gestreichelt werden. Anschließend will er noch reichlich getätschelt werden, bis er schwanzwedelnd und hoch zufrieden über die Straße nach Hause zurück verschwindet. Es ist erstaunlich, wie schnell und unkompliziert der Hund meiner Nachbarn Kontakte knüpfen kann.

Lieber Basti, Flecki oder wie immer du auch heißen magst: Ich freue mich sehr, wenn wir uns auf dem Parkplatz begegnen. Bitte bringe das nächste Mal dein Frauchen und dein Herrchen mit, denn diese kenne ich leider noch nicht. Ich lade euch gerne zu mir ein. Und bei Kaffee, Gebäck und Hundekuchen könnten wir uns als Nachbarn endlich einmal kennen lernen.

Im Club der Millionäre

Es ist manchmal zum Verzweifeln, was sich in meiner Wohnung abspielt. Regelmäßig gibt es bei mir einen Großeinsatztag, an dem alle Haushaltswaffen benötigt werden. Da werden der Staub von den Möbeln entfernt, die Teppiche abgesaugt sowie der Laminatboden nebelfeucht und die Küche und das Bad nass gewischt. Und für ein oder zwei Tage zeigt sich die Wohnung von ihrer allerschönsten Seite. Leider hält dieser himmlische Zustand aber nur kurz an. Denn dauernd lassen sie sich nieder, diese lästigen Partikel unterschiedlicher Größe, die auch als Hausstaub bekannt sind. Irgendwie scheint meine ganze Wohnung ein einziger Magnet zu sein, der den Staub magisch anzieht. Ehe ich mich versehe, liegen überall wieder Hunderte, Tausende oder sogar Millionen dieser Staubpartikel herum. Etwas Gutes hat das Ganze aber: Sollte mich künftig jemand fragen, ob ich ein Millionär sei, dann werde ich freundlich lächeln und mit dem Kopf nicken. Ich werde allerdings verschweigen, dass ich nicht vom Geld, sondern von den Hausstaubpartikeln spreche. Geht es Ihnen so ähnlich? Dann herzlich Willkommen im Club der Hausstaubmillionäre!

Die Würze des Lebens!?

Gegensätze sind allgegenwärtig. In der Natur gibt es Sturm und absolute Windstille, Regen und strahlenden Sonnenschein, sengende Hitze und Kälteeinbruch oder Nebel und azurblauen Himmel. Im Leben eines Menschen können freudige und traurige Erlebnisse, Ankommen und Abschied nehmen, Wohlbefinden und krank sein oder gewinnen und verlieren nahe beieinanderliegen. Außerdem gibt es Staus und freie Straßen, pünktliche und verspätete Züge, gute und nicht sehenswerte Fernsehshows oder liebenswerte und unfreundliche Zeitgenossen. Manche Gegensätze, besonders im persönlichen Bereich, können Menschen schwer zu schaffen machen. Gegensätze können aber auch die Würze des Lebens sein. Beispielsweise im Urlaub, wenn man anstatt der alltäglichen Monotonie viele neue Eindrücke erleben darf. Und schließlich sollen schon einige die Liebe ihres Lebens gefunden haben. Frei nach dem Volksmund: Gegensätze ziehen sich an! Was wäre das Leben ohne Gegensätze? Wahrscheinlich viel zu fade.

Die Zeiten ändern sich

Kaliméra, guten Tag, Herr Gastwirt. Eine ganze Woche habe ich mich darauf gefreut, heute bei Ihnen griechisch Essen zu gehen. Ihre Speisen und Getränke sind so lecker, da musste ich einfach wieder bei Ihnen vorbeischauen. Lassen Sie mich bitte kurz in die Speisekarte gucken.

Es ist jedes Mal das Gleiche: Sobald ich Ihre Speisekarte anfange zu lesen, läuft mir das Wasser im Mund zusammen. Bei diesem umfangreichen Angebot fällt mir die Auswahl wirklich schwer. Soll ich Souvlaki mit Krautsalat und Reis oder Gyros in pikanter Sauce und mit Gouda-Käse überbacken bestellen? Heute entscheide ich mich für den griechischen Käse aus dem Backofen mit Olivenöl und einen Bauernsalat. Dazu ein Gläschen trockenen Landwein. Auf den freien Ouzo, den Sie immer spendieren, freue ich mich bereits jetzt. Wie bitte? Sie brauchen eine Nummer? Meinen Sie die Nummer meiner Kreditkarte? Ach so, Sie brauchen jeweils die Nummer von der Speisekarte. Einen Moment, ich habe die Speisekarte leider schon zugeschlagen. Gleich habe ich die Nummern gefunden. Bitte für mich die Nummern 24 und 40 und ein Gläschen von der Nummer 63. Die Nummer von dem kostenlosen Ouzo habe ich in der Karte leider nicht gefunden, aber ich hoffe, dass ich ihn weiterhin bekommen werde. Ehrlich gesagt, Herr Wirt, als ich das Essen noch ohne Nummern bestellen konnte, war es hier aber viel gemütlicher.

Dieser Hund ist noch steuerfrei

Kennen Sie das auch? Diese Willensschwäche, die einen daran hindert, bestimmte unangenehme Tätigkeiten auszuführen? Die Tätigkeiten, die von jedem einzelnen Menschen als unangenehm empfunden werden, sind unterschiedlich. Das Auto müsste gewaschen, die Blumen umgetopft, die Fenster geputzt oder der Rasen gemäht werden. Die Steuererklärung liegt seit Wochen unbearbeitet auf dem Schreibtisch. Dem Keller würde es guttun, wenn er entrümpelt würde. Die Trainingsschuhe stehen seit Tagen unbewegt im Schrank. Der Termin für eine notwendige Aussprache mit einem Bekannten oder Arbeitskollegen wurde schon mehrmals verschoben. Bei solchen leidigen Tätigkeiten kann es passieren, dass die innere Stimme sagt: Das kannst du morgen oder nächste Woche auch noch erledigen! Schnell ist das verdrängt, was man eigentlich sofort erledigen wollte. Der Volksmund nennt diese Stimme den inneren Schweinehund. Diesen müsste man überwinden. Aber wie? Im Buchhandel gibt es viele Ratgeber zu der Thematik, wie man dem inneren Schweinehund die Zähne zeigen kann. Vielleicht wäre ein solches Buch eine gute Geschenkidee.

Denn quält sich nicht jeder Mensch mehr oder weniger mit seinem inneren Schweinehund herum? Zum Glück ist noch kein Kämmerer auf die Idee gekommen, den inneren Schweinehund mit der Hundesteuer zu belegen. Wenn dem so wäre, würden die finanziellen Probleme der Städte und Gemeinden im Kraichgau bestimmt bald der Vergangenheit angehören.

Und die Seele beginnt zu atmen...

Eine Woche Urlaub an der Nordsee, und die Seele beginnt wieder zu atmen. Viele Nordseefans werden es am eigenen Leib erfahren haben, dass in diesem Spruch eine tiefe Wahrheit liegt. Die fast endlose Weite des Meeres, der tägliche Spaziergang am Strand oder eine gemütlich getrunkene Tasse Darjeeling-Tee lassen die großen Probleme des Alltags sehr schnell klein werden. Ist es nicht bedauerlich, dass jeder Urlaub einmal zu Ende geht? Was dem einen sein Uhl, ist dem andern sein Nachtigall - sagt der Volksmund. In diesem Sinne beginnt die Seele des einen an der Nordsee, die Seele des anderen beginnt in den Bergen, in der Toskana oder an einem anderen Ort auf dieser Erde wieder zu atmen. Vor lauter Urlaubsplanungen und Urlaubskatalogen kann man jedoch übersehen, dass ein Ruheort für die Seele auch vor der eigenen Haustür liegt. Denn nicht nur die Ferne, auch der Kraichgau lädt die Seelen zum Atmen ein. Der Seele öfters eine Auszeit zu schenken, wird immer einen Gewinn bringen.

Richtiges Sparen will gelernt sein

Nicht nur die Lenkdrachen steigen in diesen herbstlichen Stürmen weit in die Höhe. Leider scheinen auch manche Preise ins Unendliche steigen zu wollen. Die Stromkonzerne kündigen Preiserhöhungen an. Milchprodukte und einige weitere Lebensmittel haben sich bereits verteuert. Wer mit seinem Auto zur Tankstelle fährt, sollte zuvor entweder einige Baldriantabletten genommen oder das Kreditlimit seiner Scheckkarte deutlich aufgestockt haben. Versicherungen und Bahntickets sollen bald mehr kosten. Und schließlich: Wer erinnert sich nicht gerne an die Zeit, als die MwSt. ("merkwürdige" Steuer) nur 16, anstatt aktuell 19 Prozent betrug? Wer bei dieser tobenden Kostenentwicklung wieder einmal einen dicken Geldbeutel mit sich tragen möchte, kommt ums Sparen nicht herum. Tipps zum Sparen gibt es in den Zeitungen, im Fernsehen und im Internet genug. Etwa zu einem günstigeren Stromanbieter wechseln, energiesparende Leuchtmittel verwenden oder einige Wegstrecken zu Fuß oder mit dem Fahrrad zurücklegen. Es gibt unzählige Anlässe zum Sparen, wenn auch manche davon nicht ganz ernsthaft gemeint sind. Beispielweise beim Zubereiten von Tee. Wer hier zu viel Wasser abgekocht hat, sollte das nicht benötigte heiße Wasser nicht wegschütten, sondern in einem Behälter einfrieren. Wer dann zu einem späteren Zeitpunkt wieder heißes Wasser benötigt, muss das Eingefrorene nur noch auftauen.

Gymnastik am Morgen

Regelmäßig erinnert mich ein Blick auf meine Kontoauszüge daran, dass ich dieses Jahr eigentlich vorhatte, mehr Sport zu treiben. Denn einmal im Monat wird automatisch der Beitrag für das Fitness-Studio von meinem Girokonto abgebucht. Als die Mitgliedschaft noch neu und mein Wille besonders groß waren, bin ich tatsächlich mindestens zweimal in der Woche in das Studio gegangen. Das Aufwärmen auf dem Laufband, das Rückentraining an den Geräten und der anschließende Besuch der Sauna haben mir wirklich gutgetan. Zwischenzeitlich habe ich gelernt: Der Wille mag groß sein, aber die Trägheit kann noch viel größer sein. Und so bin ich wieder vom aktiven Freizeitsportler zum passiven Kontoauszugsabhefter gewechselt. Ich kann mir vorstellen, dass es nicht nur mir so geht. Wäre es nicht gut, wenn es ein Gymnastikprogramm gäbe, das Mann oder Frau daheim einfach so nebenbei mit ausführen könnte? Für mich und alle weiteren passiven Kontoauszugsabhefter habe ich ein solches Gymnastikprogramm entwickelt, das gleich nach dem Erwachen noch im kuschelig weichen Bett ausgeführt werden kann: Augen auf - Augen zu - Augen auf - Augen zu.

Wohin mit den Sorgen?

Wäre es nicht schön, wenn sich alle unsere Sorgen in Luft auflösen würden? Einfach so - von heute auf morgen? Wenn sich manche Gedankenkreise lösen und uns nicht mehr unseren wohlverdienten Schlaf rauben würden? Die Sorgen um einen lieben Menschen oder um die eigene Gesundheit können durchaus berechtigt sein. Diese Art von Sorgen fordern uns heraus, die eigenen Handlungsmöglichkeiten zu erkennen und selbst aktiv zu werden. Es gibt aber auch eine Art von Sorgen, die ist sprichwörtlich so überflüssig wie ein Kropf. Da sorgen wir uns vielleicht nur um das Sorgen willen. Wie können wir diese unnötigen Sorgen loswerden? Leider ist im AVR Abfallkalender für das laufende Jahr erneut nicht vermerkt, ob unsere unnötigen Sorgen in die Grüne Tonne oder Restmülltonne gehören. Oder gehören diese - weil sie biologisch abbaubar sind - gar in die Biotonne? Wie dem auch sei: Stopfen wir also symbolisch alle unsere unnötigen Sorgen in eine der drei genannten Mülltonnen und machen den Deckel zu. Eins dürfen wir jetzt aber nicht vergessen: Am Abfuhrtermin die Mülltonne auch wirklich vor das Haus zu stellen.

Platz für eigene Gedanken